six

шест

seven

седам

eight

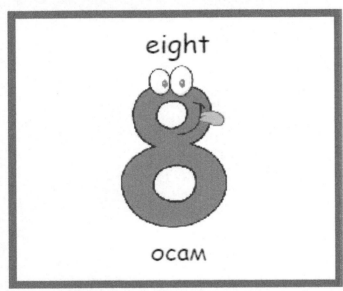

осам

nine

девет

ten

десет

airplane

авионом

ball

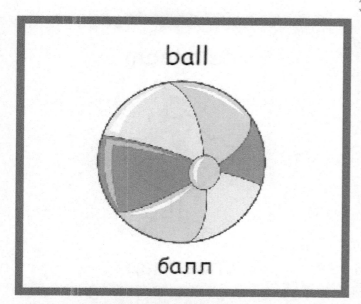

балл

car

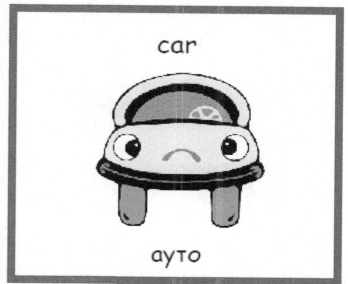

ауто

tame

таме

scooter

скутери

flag

флаг

giraffe

гираффе

hand

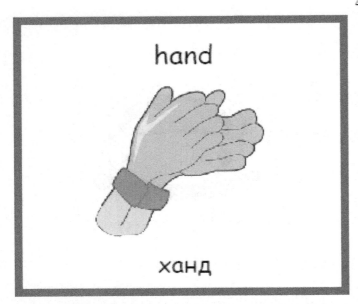

ханд

ice cream

сладолед

jam

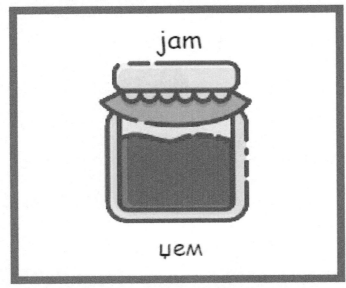

џем

kangaroo

кенгур

bug

буг

monkey

мајмун

nap

нап

octopus

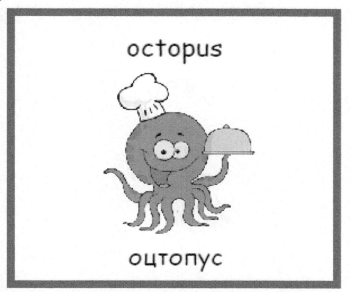

оцтопус

pan

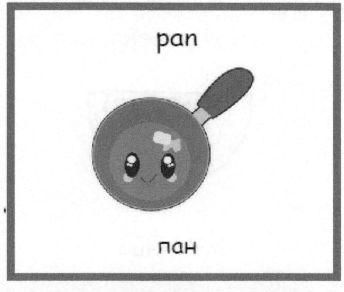

пан

celebrate

целебрате

rabbit

зец

shark

ајкула

tiger

тигер

unicorn

једнорог

vase

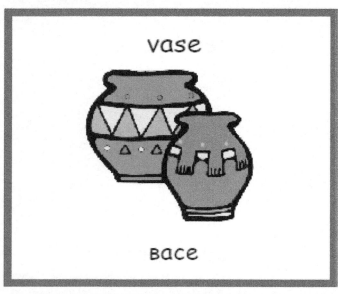

васе

watermelon

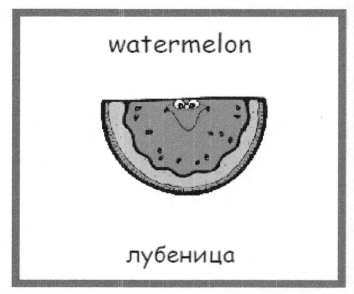

лубеница

towel

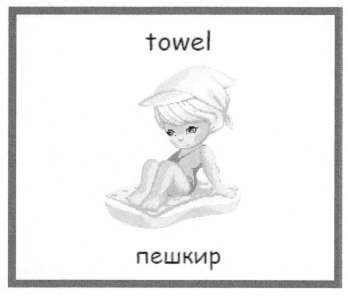

пешкир

yak

иак

zebra

зебра

alligator

аллигатор

bag

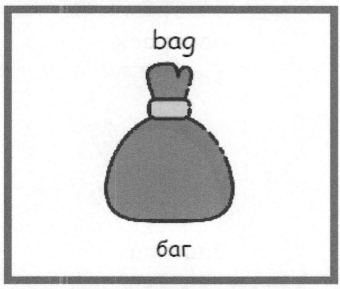

баг

cake

торту

dog

пас

fall

пасти

hedgehog

jеж

igloo

иглоо

jug

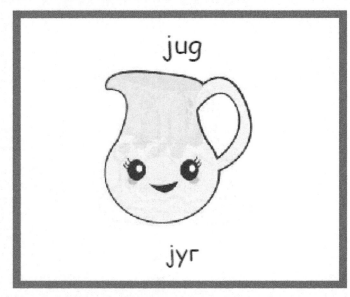

југ

backpack

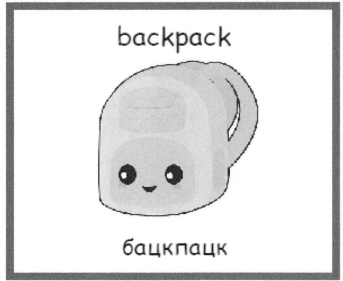

бацкпацк

moon

месец

nest

гнездо

orange

оранге

parrot

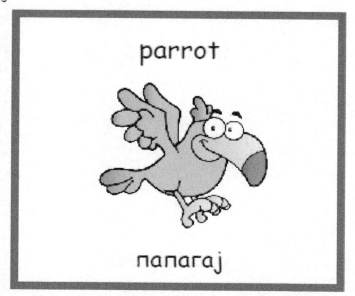

папагај

question

питање

animals

животиње

sheep

овце

tree

дрво

umbrella

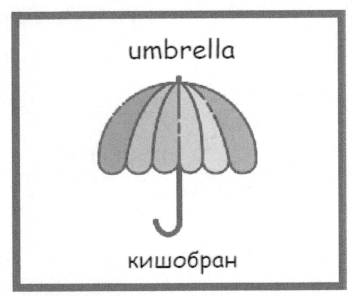

кишобран

volcano

вулкан

worm

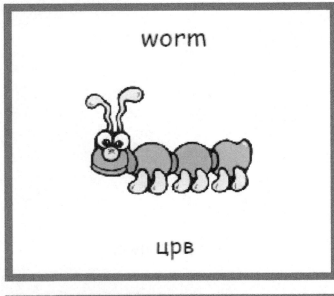

црв

anchor

сидро

yarn

пређа

zipper

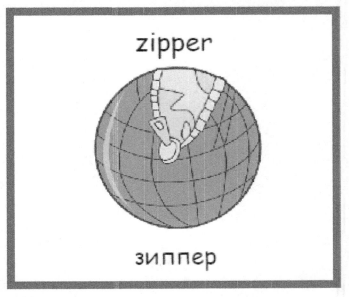

зиппер

English serbian

ant

ант

baby

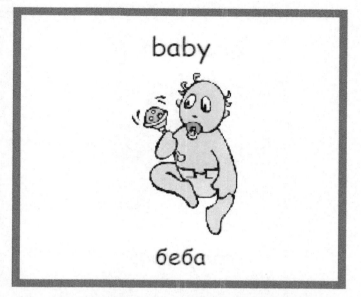

беба

cat

цат

deer

јелен

elephant

слон

fish

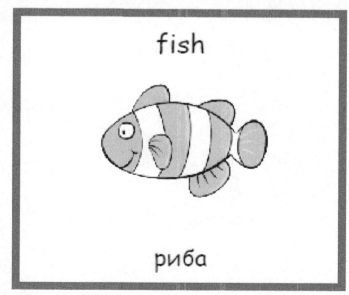

риба

groundhog

гроундхог

hen

кокошка

iguana

игуана

jump

јумп

king

кинг

lion

лион

mole

мол

collar

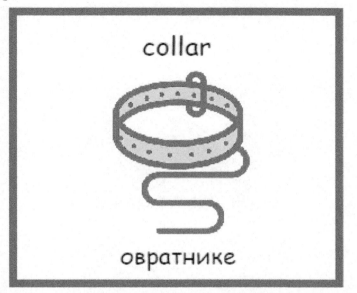

овратнике

owl

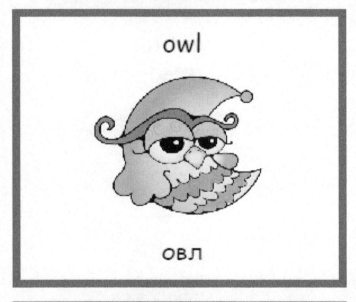

овл

pig

свиња

quilt

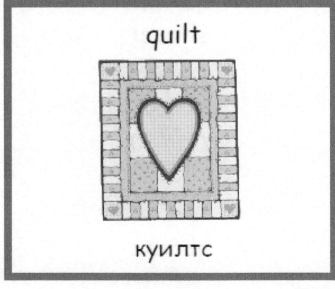

куилтс

rooster

роостер

snail

пуж

turkey

туркеи

mirror

миррор

violin

виолина

whale

кит

shovel

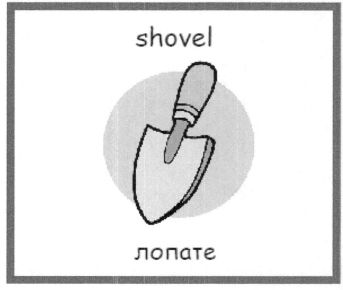

лопате

yogurt

jогурт

wreath

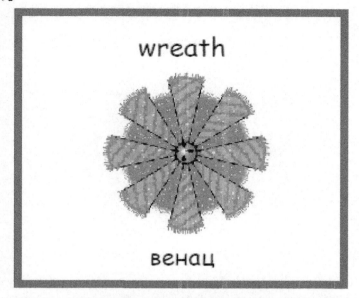

венац

bee

пчела

duck

патка

tea

чаj

gorilla

горилла

hill

брдо

ice

ице

knife

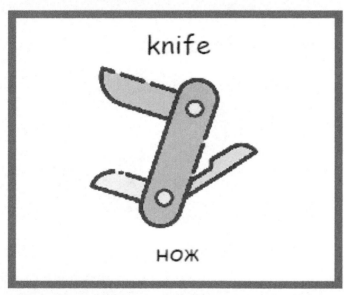

нож

kids

клинци

lemon

лимун

milk

млеко

night

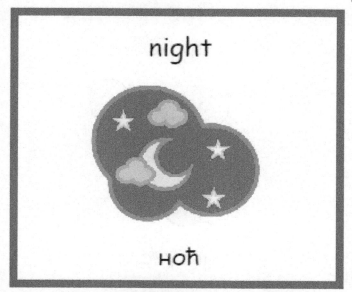

ноћ

pear

крушке

queen

краљица

ring

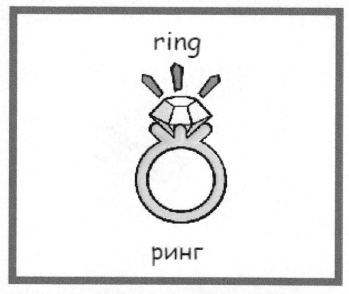

ринг

socks

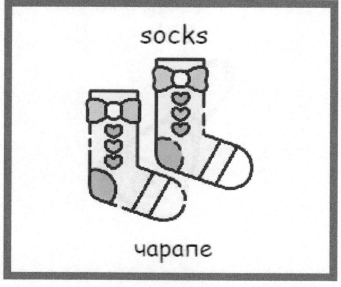

чарапе

water

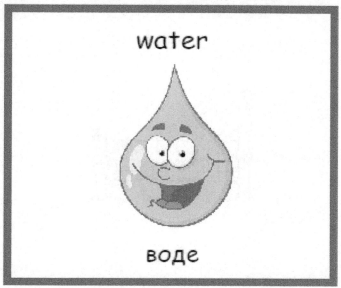

воде

kitchen

кухиња

apple

јабука

hello

HI!

здраво

bear

медвед

bed

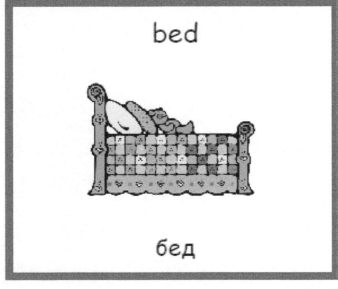

бед

bell

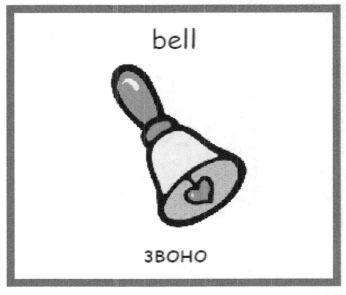

звоно

bird

птица

slippers

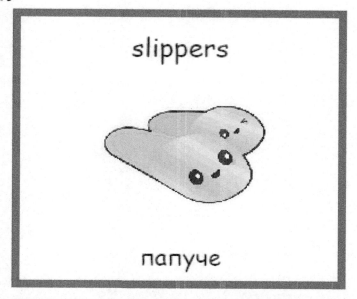

папуче

boat

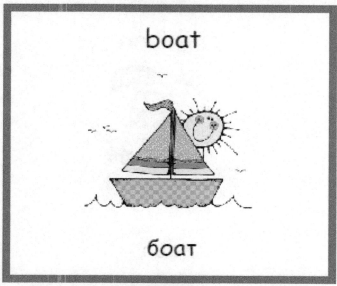

боат

box

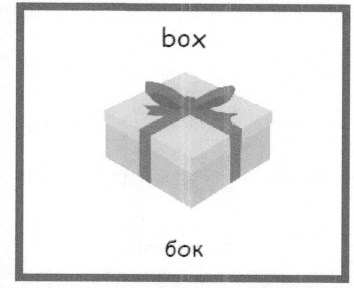

бок

boy

бои

bread

хлеб

brother

брате

chair

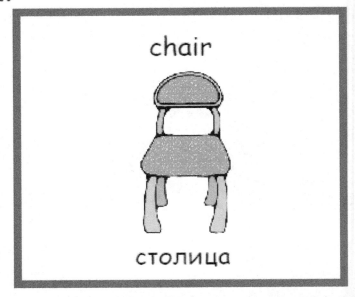

столица

chicken

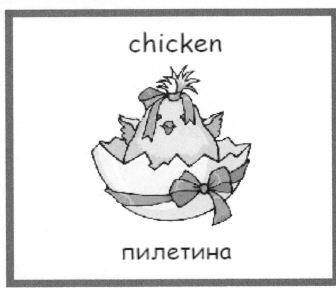

пилетина

children

деца

christmas

божић

coat

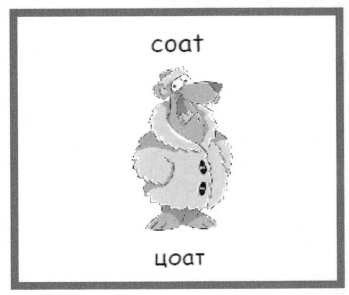

цоат

corn

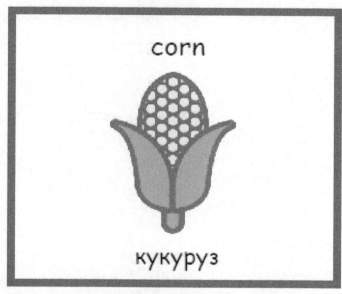

кукуруз

cow

крава

day

дан

doll

долл

door

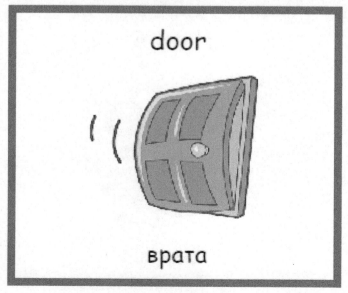

врата

eyes

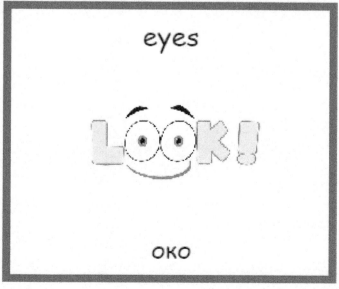

око

farm

фарм

farmer

фармер

father

отац

fire

пожара

crab

краба

flower

цвет

game

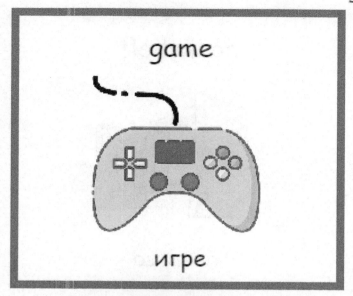

игре

garden

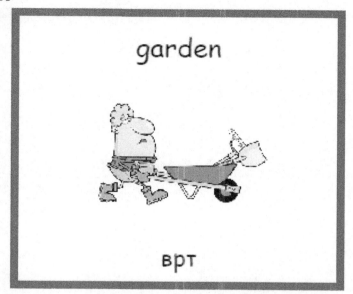

врт

girl

гирл

goodbye

збогом

grass

трава

ground

гроунд

head

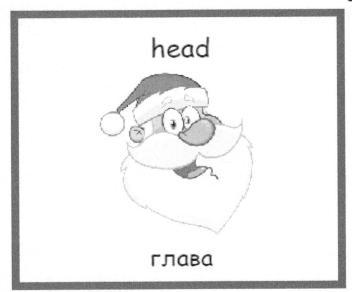

глава

bookshelf

полица

horse

коњ

house

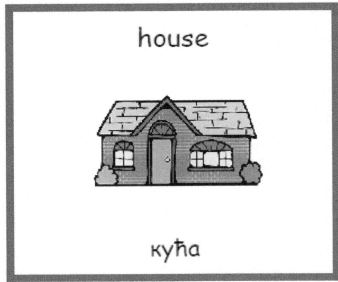

кућа

kitten

киттен

leg

ноге

letter

писмо

man

човече

oven

пећница

money

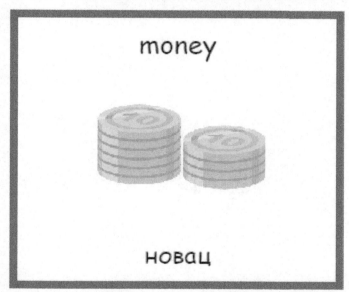

новац

morning

јутро

mother

мајка

name

име

paper

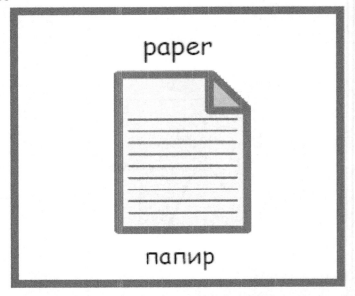

папир

party

журка

picture

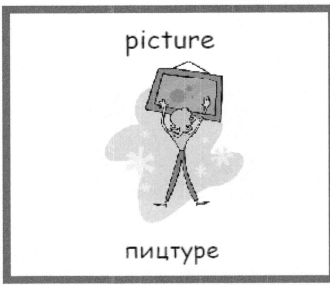

пицтуре

rain

раин

witch

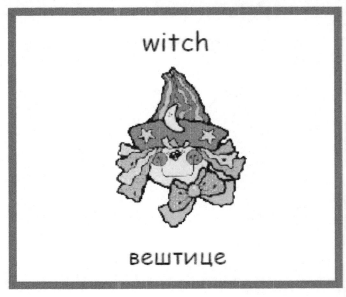

вештице

bottle

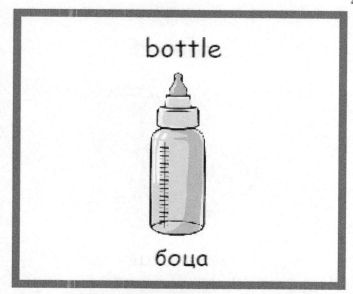

боца

school

школе

seeds

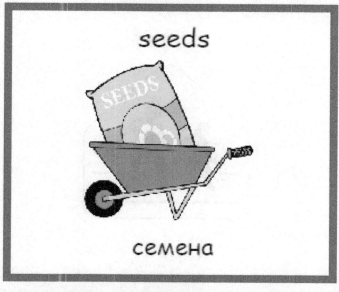

семена

shoes

ципеле

sister

сестра

snow

снов

song

сонг

squirrel

веверице

stick

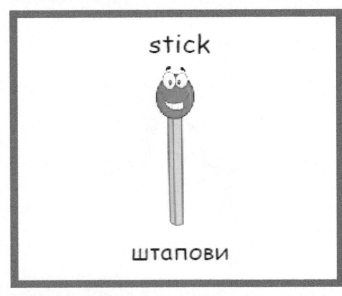

штапови

street

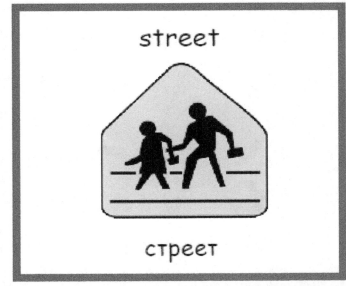

стреет

sun

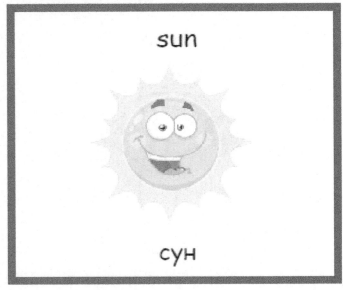

сун

lamp

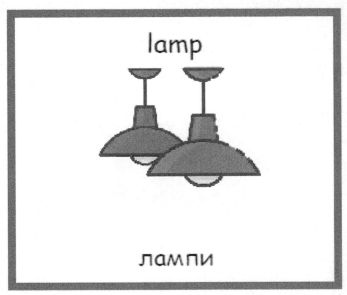

лампи

basketball

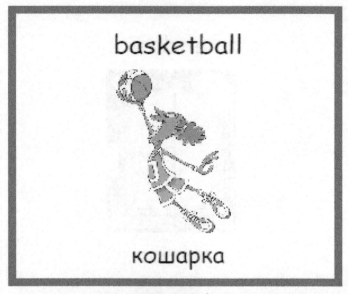

кошарка

cactus

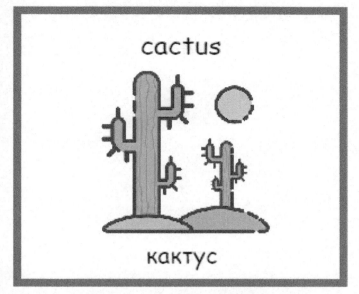

кактус

radio

радио

toy

играчка

camera

камера

hammer

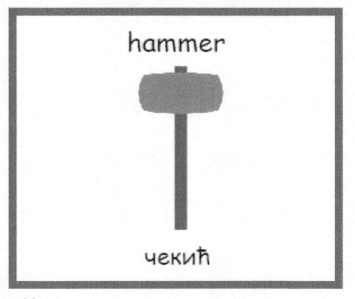

чекић

wind

винд

window

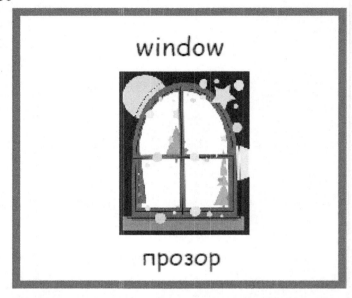

прозор

wood

дрво

butterfly

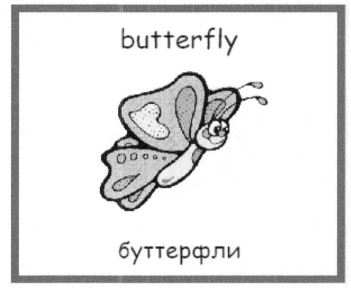

буттерфли

camel

камила

message

поруку

dolphin

делфин

eagle
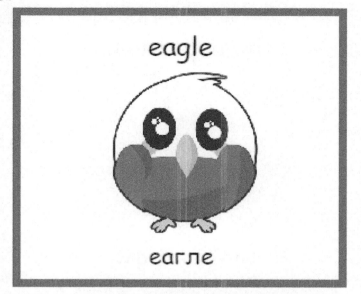
еагле

chick

цхицкс

fox

фок

frog

фрог

goat

коза

hippopotamus

хиппопотамус

bicycle

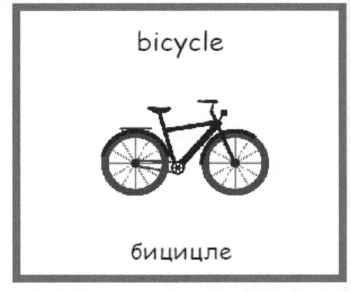

бицицле

dumbbells

думббеллс

panda

панда

puppy

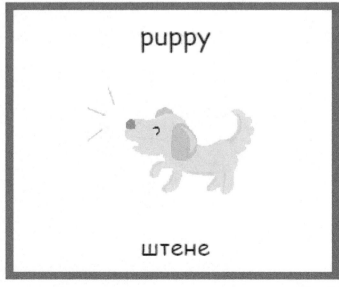

штене

mice

мишеви

penguin

пенгуин

snake

змија

spider

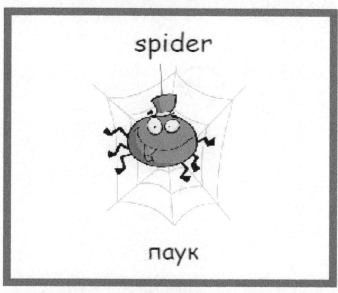

паук

turtle

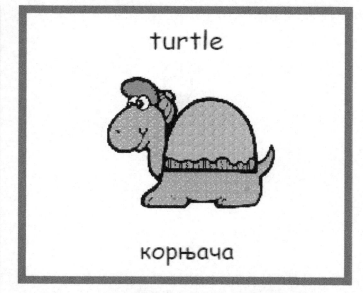

корњача

wolf

вук

sleeping

спавање

plane

авионом

parachute

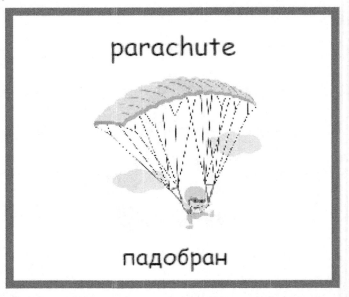

падобран

barber

бербер

friend

пријатељу

coconut

кокос

broccoli

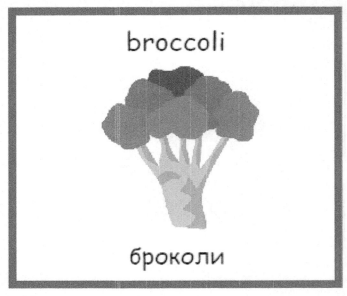

броколи

35

gifts

поклони

play

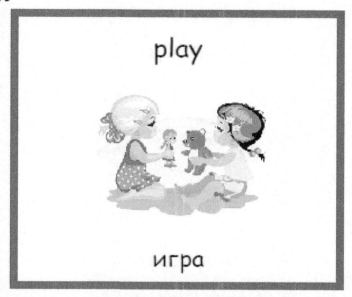

игра

van

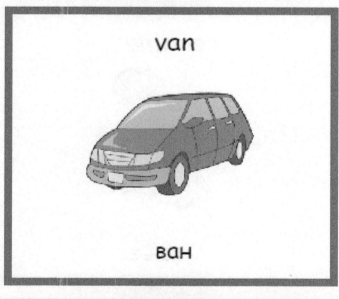

ван

comb

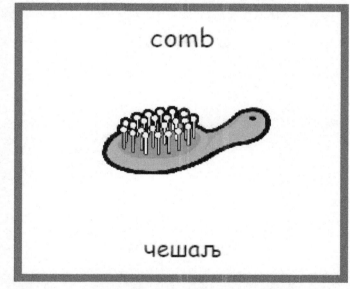

чешаљ

gun

пиштољ

paintbrush

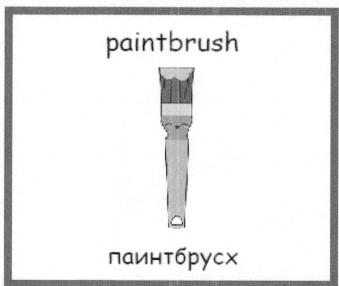

паинтбрусх

peas

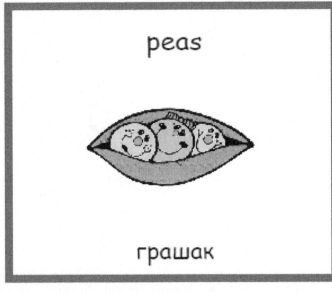

грашак

ballon

баллон

baseball

басебалл

reading

читање

run

трцати

book

боок

shopping

шопинг

showering

туширање

walk

ходати

wash

опрати

earth

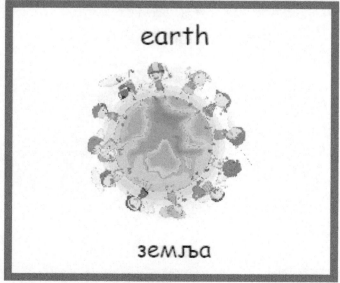

земља

happy

сретан

salad

салата

sad

сад

win

победити

cooking

цоокинг

singing

певање

eat

јести

cry

цри

toilet

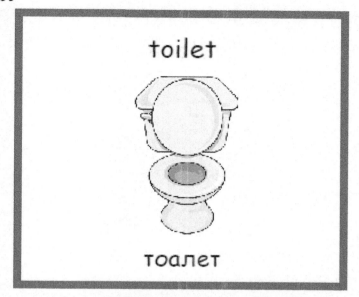

тоалет

teach

теацх

drink

пиће

writing

писање

bouquet

боукует

clean

чист

hurt

боли

drawing

цртање

bus

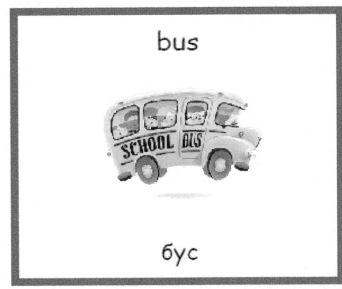

бус

laugh

смех

bedroom

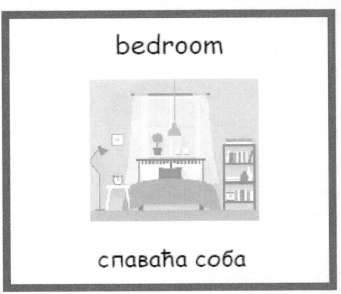

спаваћа соба

pillow

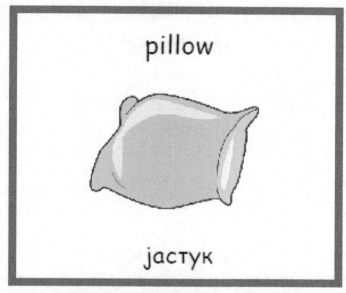

јастук

sleepy

спава

wake up

пробудити

working

рад

presents

представља

piano

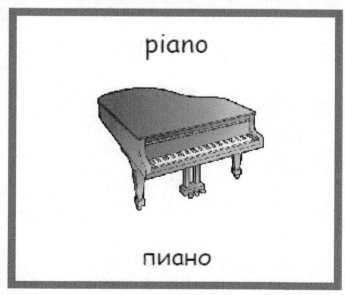

пиано

tuxedo

тукедо

medicine
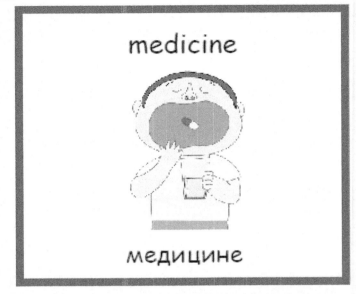
медицине

climbing

пењање

bone

кости

riding

јахање

swimming

пливање

43

dressing

дрессинг

drum

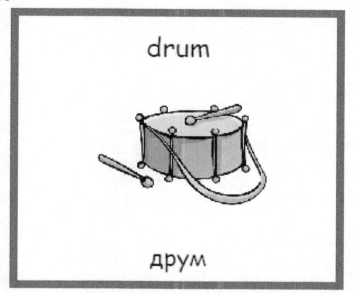

друм

chili

цхили

suitcase

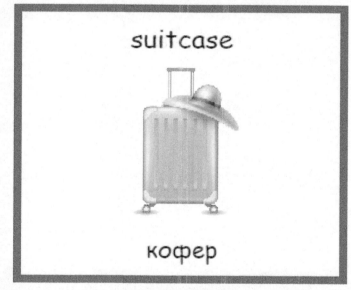

кофер

doctor

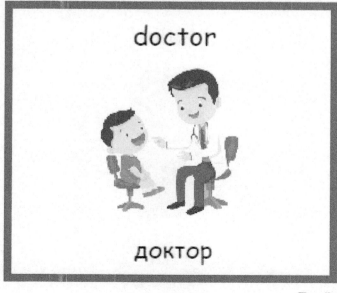

доктор

hug

хуг

English serbian

8
9

math

матх

soccer

соццер

love

љубав

ironing

пеглање

sick

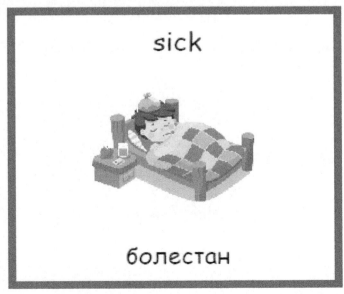

болестан

hair

хаир

English serbian

45

fireplace

камин

bike

бике

cherry

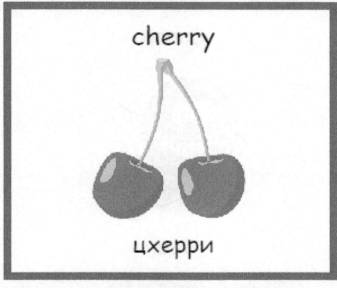

цхерри

banana

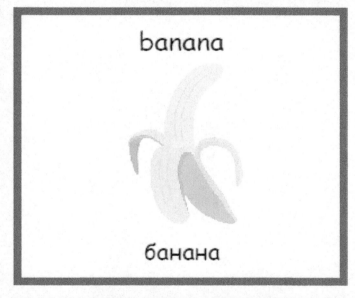

банана

train

траинс

truck

камиони

strawberry

јагода

pineapple

ананас

ax

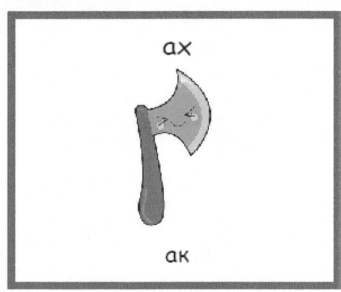

ак

bean

беан

candy

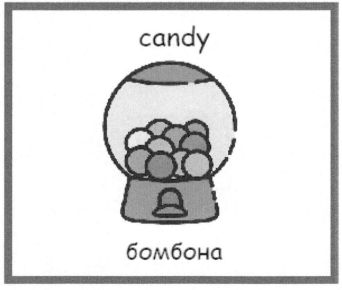

бомбона

carpet

тепих

dock
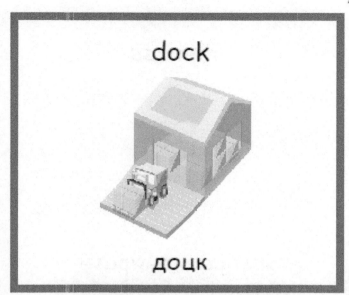
доцк

ears

уши

hotel
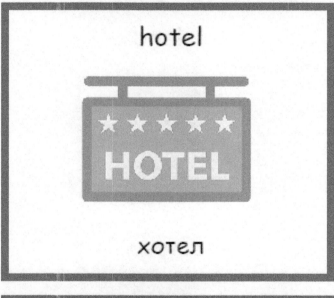
хотел

finger
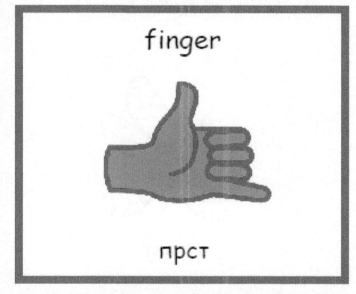
прст

fly

мува

ham

шунка

hat

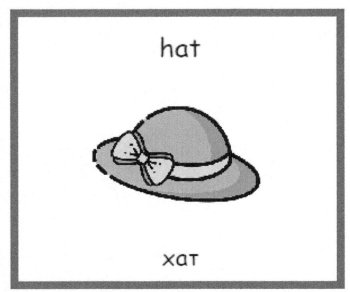

хат

impress

импресионирати

insect

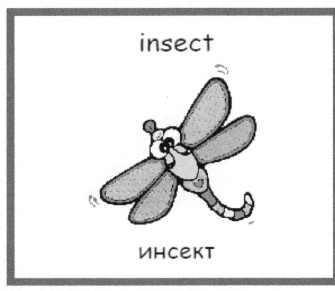

инсект

island

острво

juice

сок

jogging

јоггинг

kite

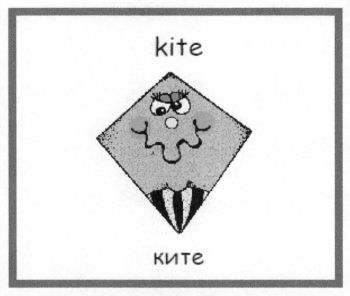

ките

kiwi

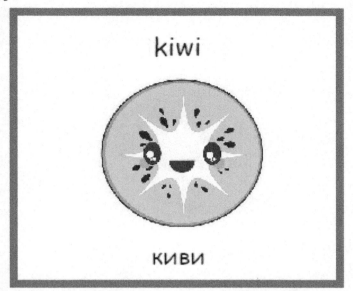

киви

koala

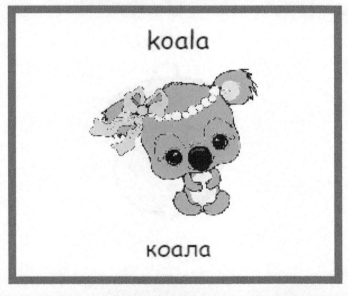

коала

ladder

ладдер

leaf

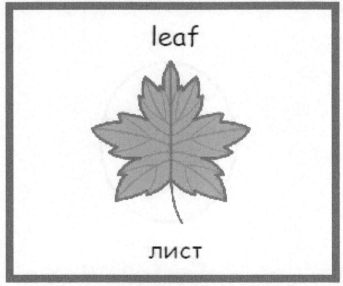

лист

angry

љут

meat
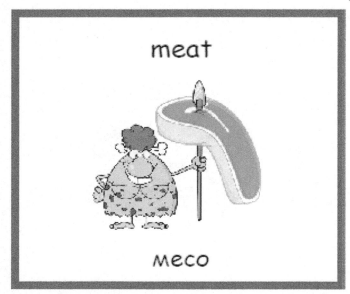
месо

nose
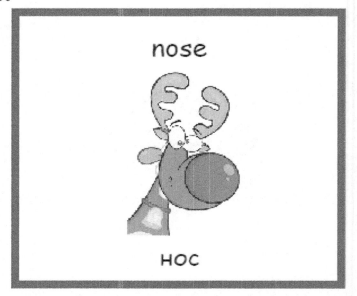
нос

nurse
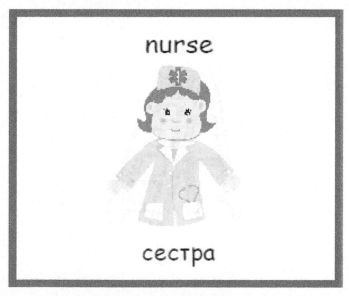
сестра

nut
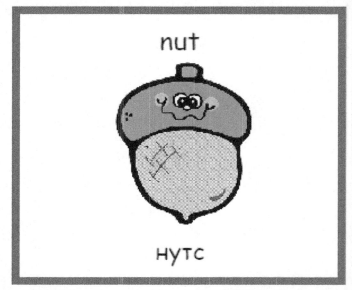
нутс

onion
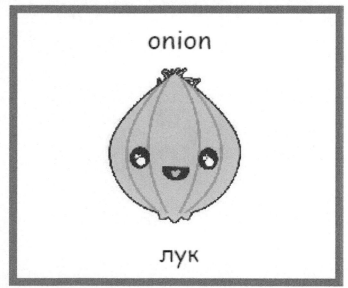
лук

oval
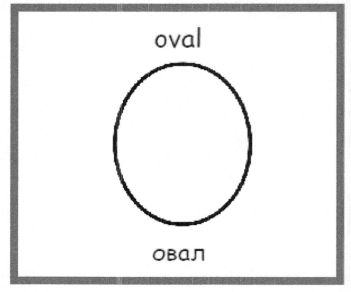
овал

palm

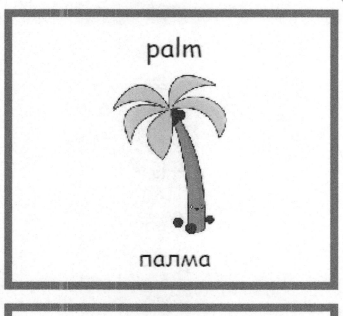

палма

pen

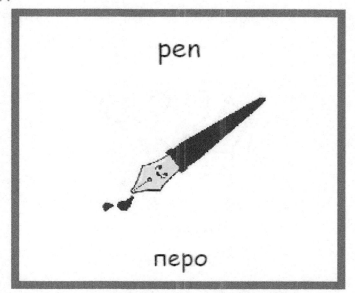

перо

quail

препелица

quiz

куиз

rat

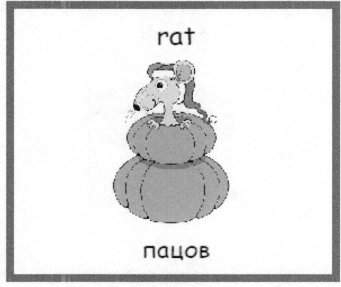

пацов

rocks

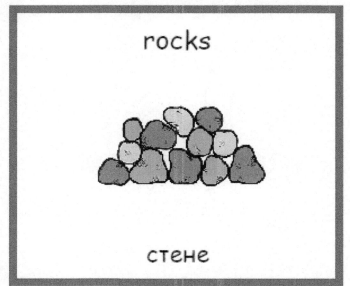

стене

ruler

лењир

skirt

сукња

skunk

скункс

star
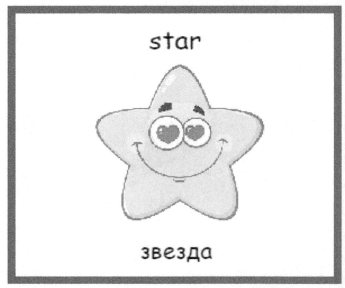
звезда

tail

реп

tooth
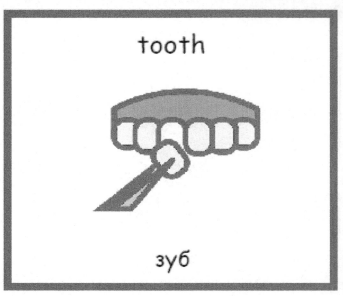
зуб

up

горе

unhappy

несретан

under

испод

vest
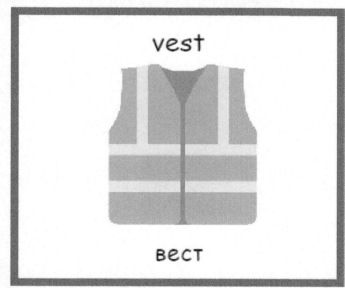
вест

vaccine
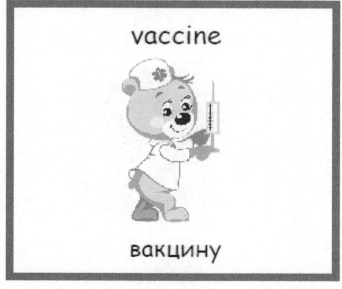
вакцину

whiskey

виски

turban

турбан

ketchup

кечап

stove

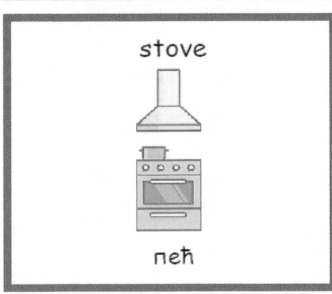

пећ

thunder

гром

jeep

јеепс

cheetah

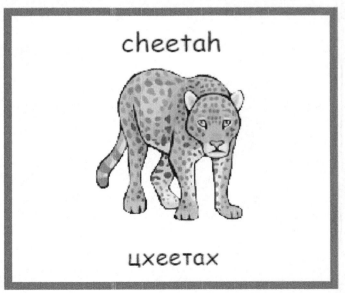

цхеетах

delivery

испорука

magician

магициан

photographer

фотограф

studying

студирање

alphabet

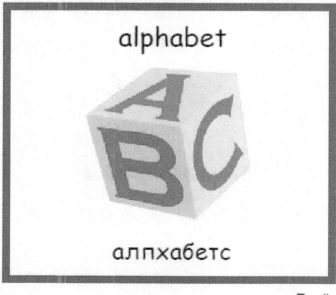

алпхабетс

number

бројева

coffee

кафа

shoulder

рамена

clock

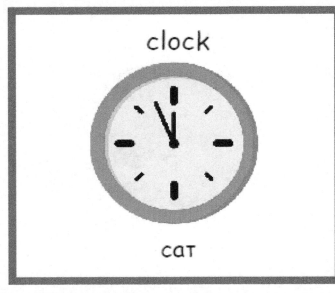

сат

lizard

гуштер

spatula

спатула

fin

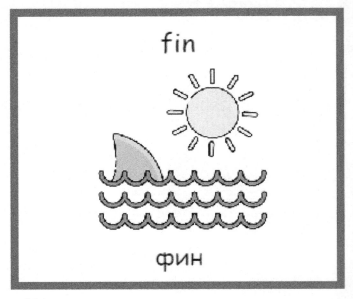

фин

torch

бакља

lotus
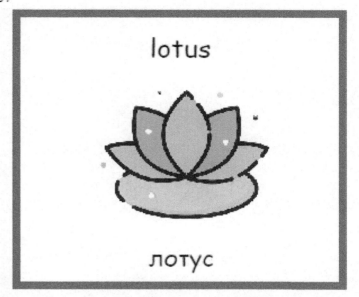
лотус

bowl
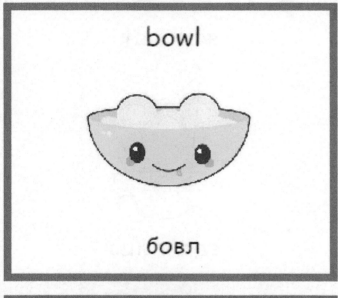
бовл

pirate

пират

factory

фабрика

pacifier
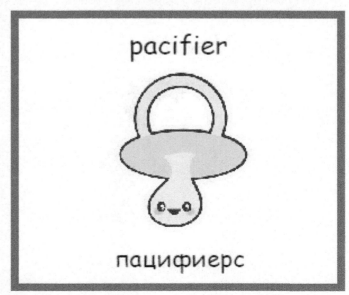
пацифиерс

helmet

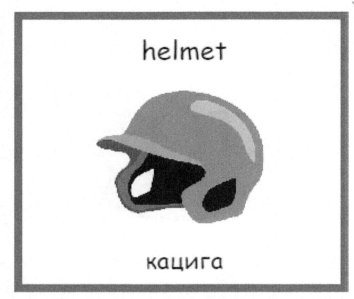

кацига

puddle

пуддле

glove

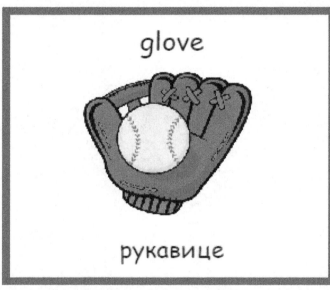

рукавице

sailboat

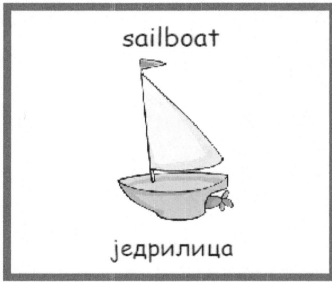

једрилица

feeding

храњење

pencil

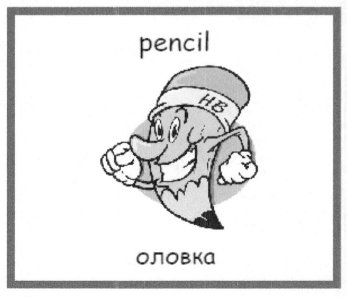

оловка

calendar

календар

tire

гума

popsicles

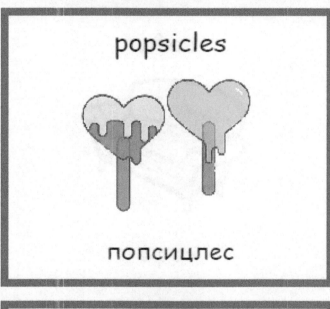

попсицлес

chimney

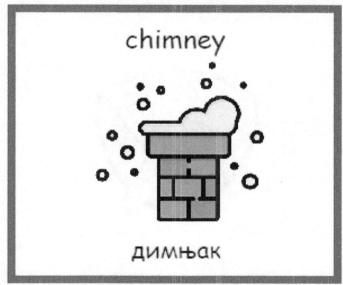

димњак

snowflake

сновфлаке

cheese

сир

package

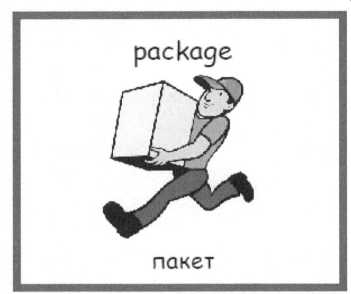

пакет

shy

схи

team

тим

sofa

софа

grape

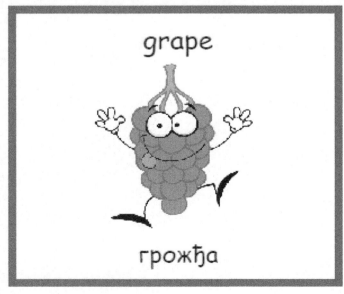

грожђа

crayons

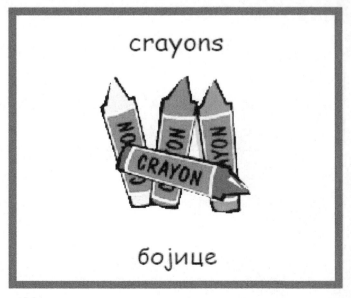

бојице

61

ink

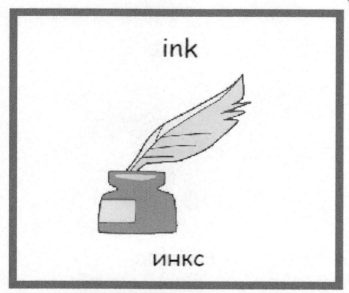

инкс

glass

наочаре

curtain

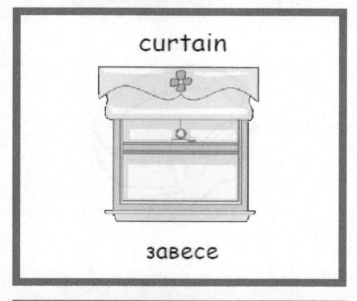

завесе

golf

голф

boxing

бокинг

cab

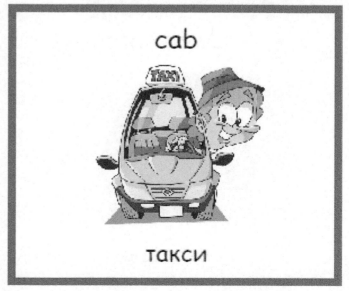

такси

English serbian

hexagon

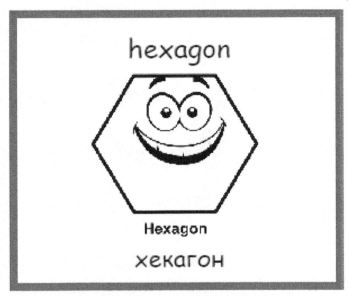

хекагон

mare

кобила

carrot

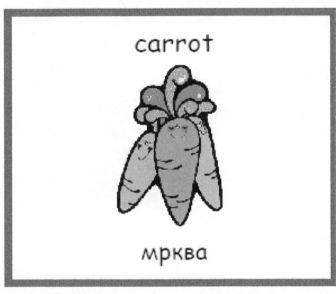

мрква

belt

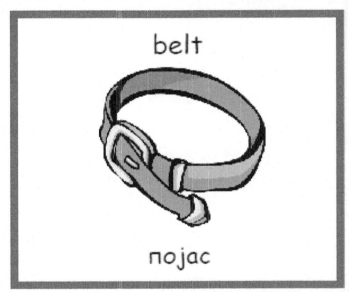

појас

sweater

свеатерс

compass

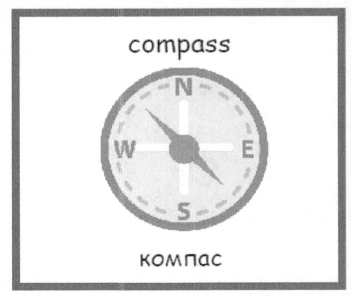

компас

pudding

пудинг

rose

росе

dress

дрессес

chef

главни кувар

jacket

јакна

summer

суммер

angel

ангел

knight

витез

broom
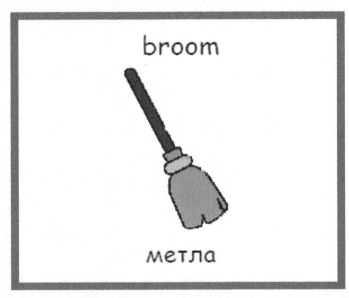
метла

smelling

мирисна

pajamas

пиџама

boots
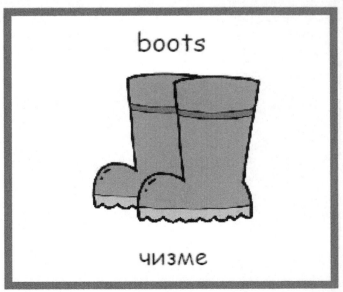
чизме

English serbian

noodles

ноодлес

lantern

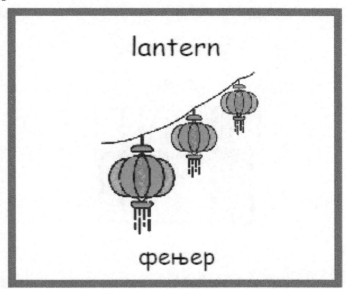

фењер

scarf

сцарф

shirt

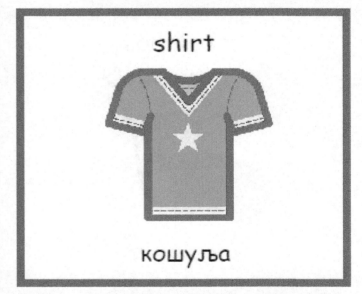

кошуља

peanut

кикирики

shorts

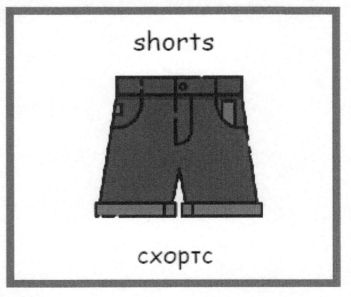

схортс

briefcase
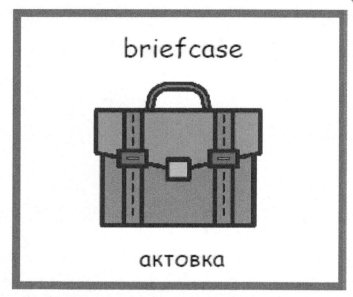
актовка

pagoda
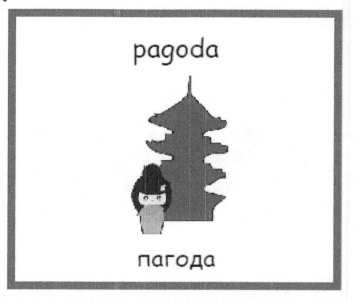
пагода

stockings
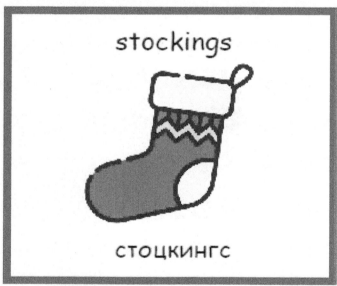
стоцкингс

syringe
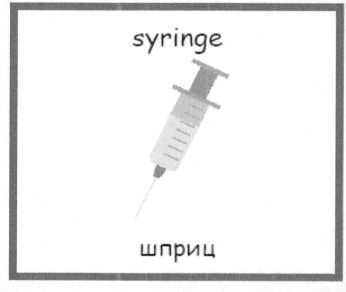
шприц

arm

арм

beard

брада

67

blood

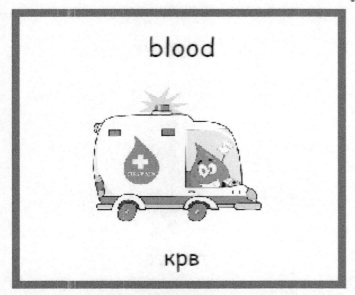

крв

rainbow

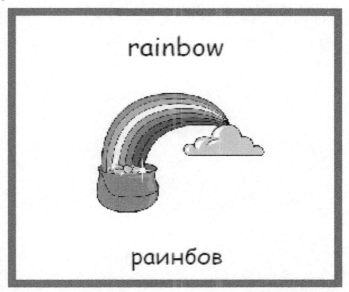

раинбов

microscope

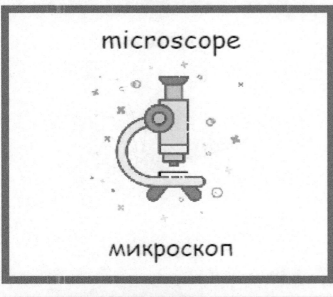

микроскоп

mermaid

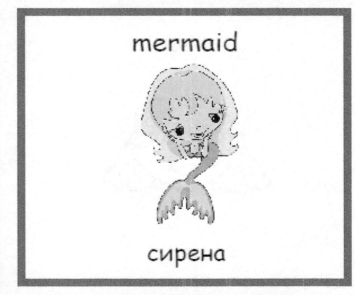

сирена

scissors

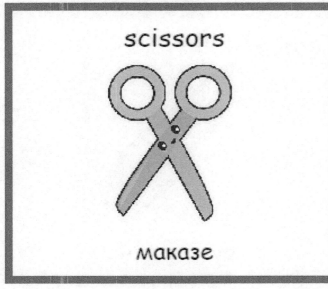

маказе

chin

брада

potato

кромпир

elbow

лакат

face

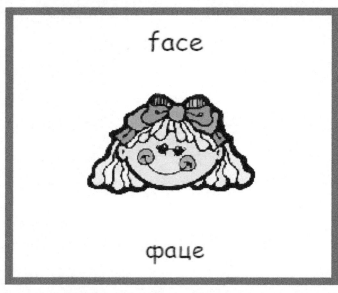

фаце

cutter

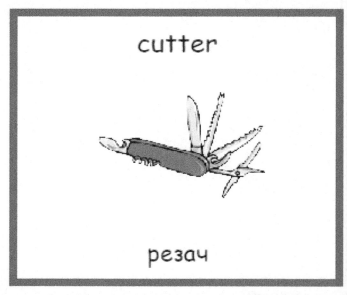

резач

medication

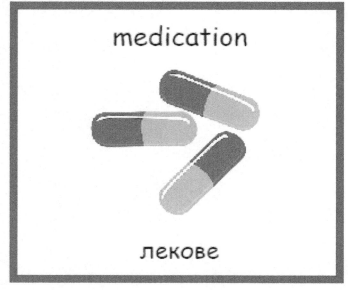

лекове

lipstick

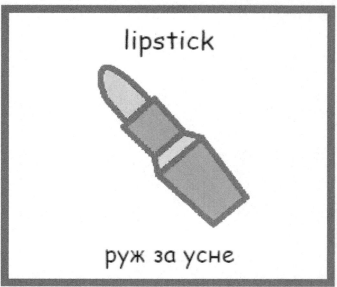

руж за усне

driving

вожње

windmill

ветрењача

beach

плажа

telescope

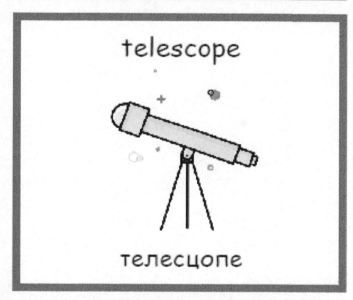

телесцопе

utensils

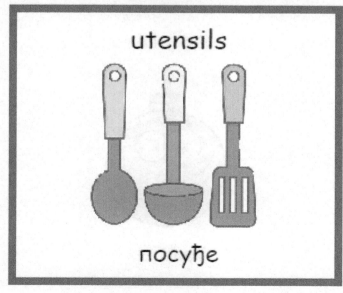

посуђе

tent

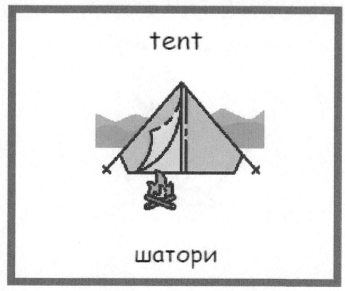

шатори

mouth

уста

necklace

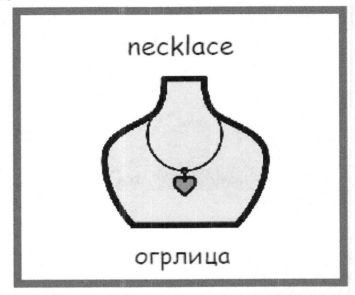

огрлица

neck

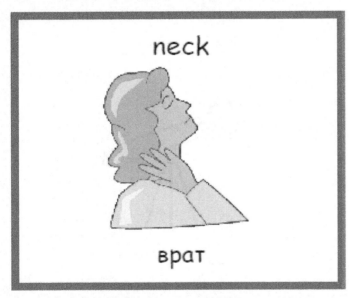

врат

princess

принцесс

pearls

бисера

bomb

бомбе

teeth

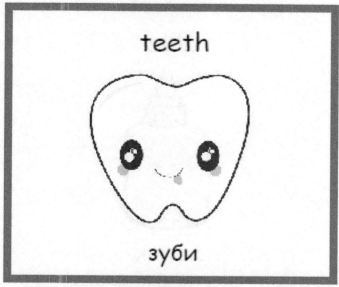

зуби

steak

стеак

donut

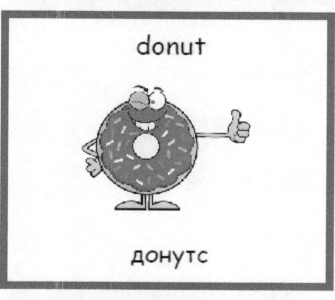

донутс

thumb

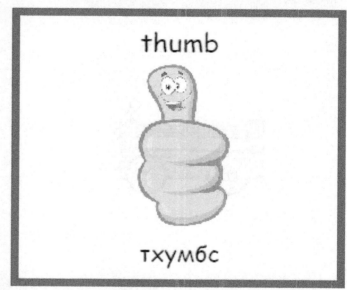

тхумбс

dice

коцке

news

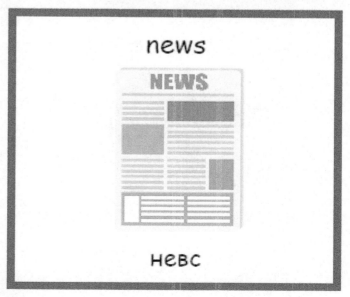

невс

tongue

језик

glue

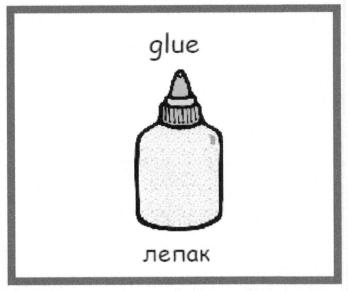

лепак

wagon

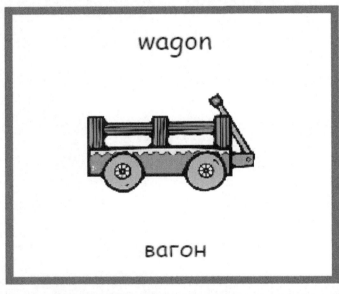

вагон

rocket

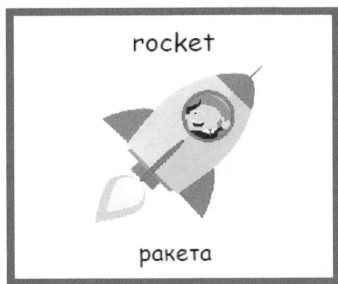

ракета

ostrich

нoj

teapot

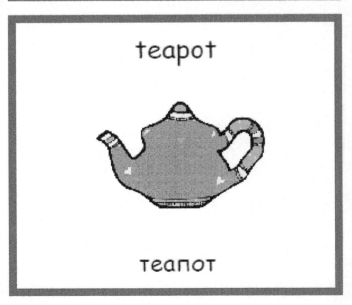

теапот

oyster

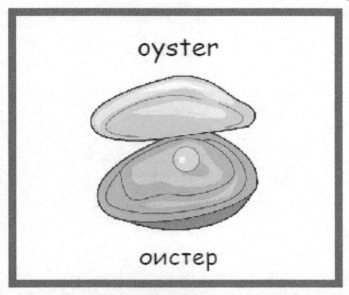

оистер

pelican

пелицан

pigeon

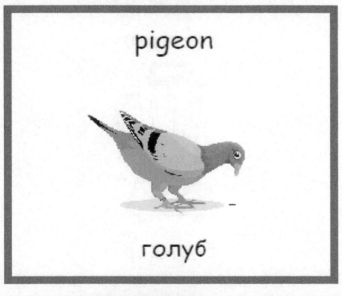

голуб

porcupine

дикобраз

reindeer

реиндеер

vegetable

поврђе

sausage

кобасица

pie

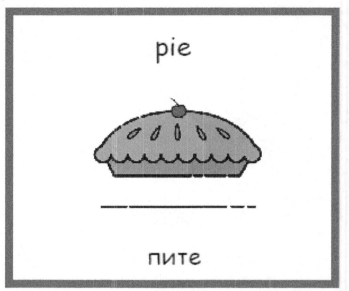

пите

honey

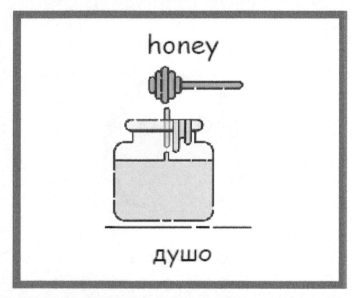

душо

blender

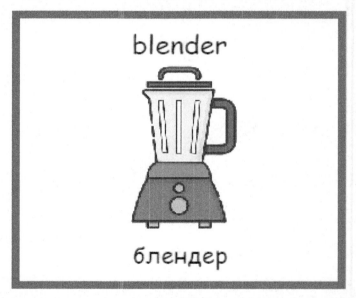

блендер

swan

сван

toad

тоад

vulture

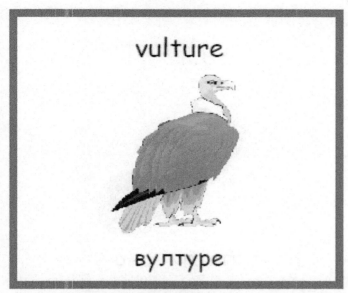

вултуре

walrus

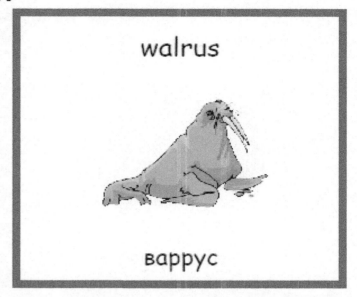

варрус

soup

супа

avocado

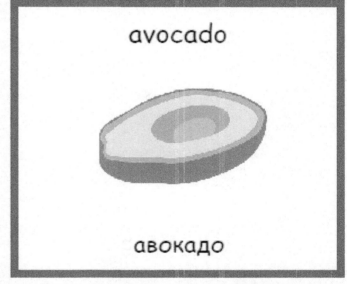

авокадо

chocolate

чоколада

pizza

пица

tomato

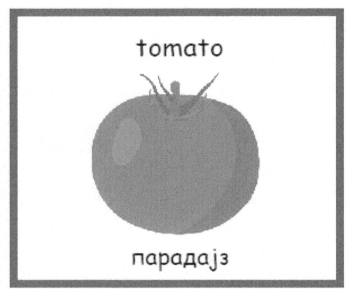

парадајз

eggplant

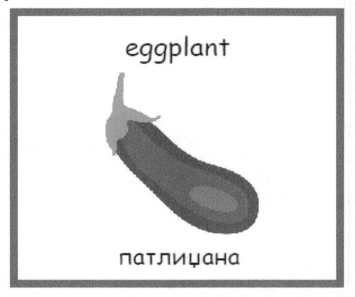

патлиџана

cucumber

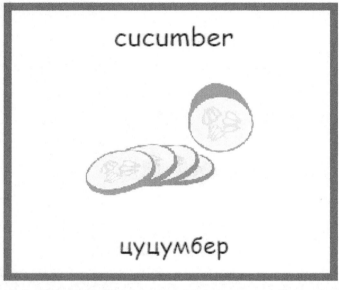

цуцумбер

grapefruit

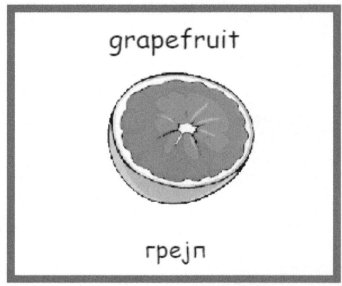

грејп

calculator

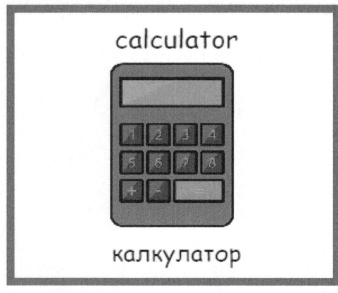

калкулатор

museum

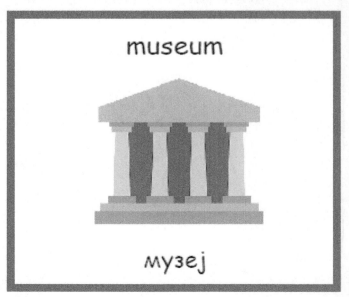

музеј

teacher

учитељ

sandwich

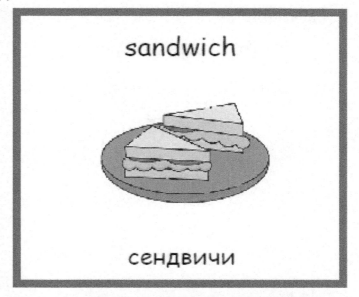

сендвичи

muscle

мишића

peach

бресква

egg

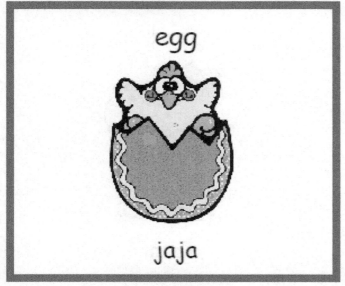

jaja

plum

шљива

pomegranate

шипак

serving

послуживање

raspberry

малина

tangerine

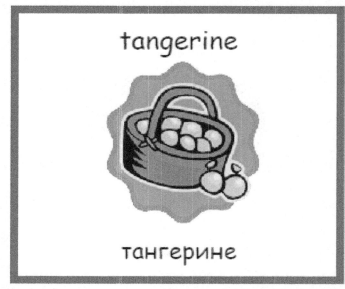

тангерине

bad

лоше

dad

тата

joyful

радостан

stand up

устати

mad

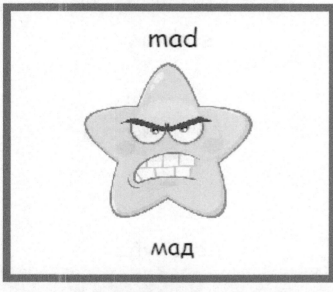

мад

podium

подиум

friendly

фриендли

proud

поносан

decrease

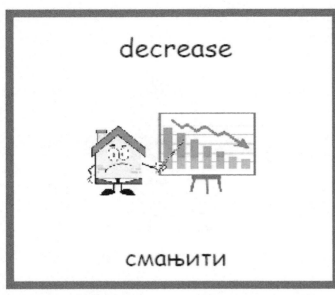

смањити

lightbulb

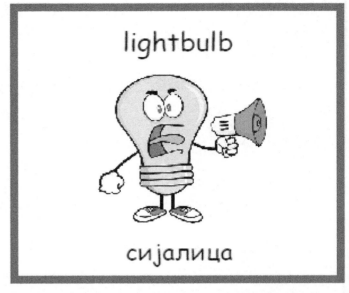

сијалица

wiping

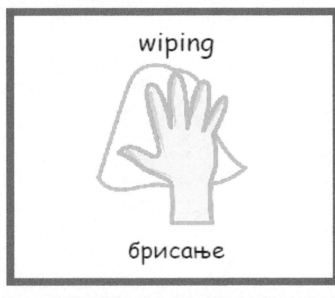

брисање

sinking

потонуће

castle

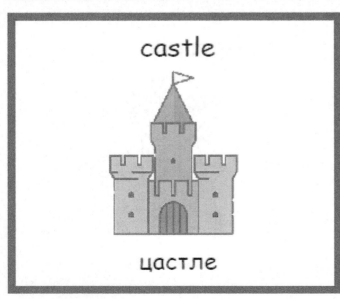

цастле

wag

ваг

forbid

забранити

open

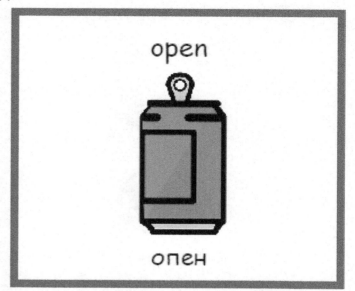

опен

artist

уметник

race

трка

wallet

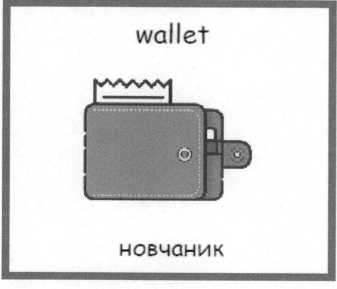

новчаник

bored

досадно

kneeling

кнеелинг

map

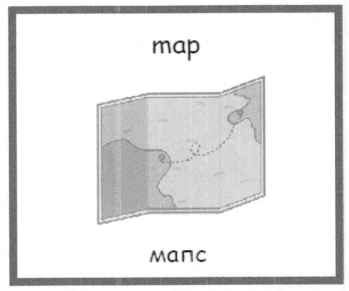

мапс

hockey

хокеј

powerful

моћна

hospital

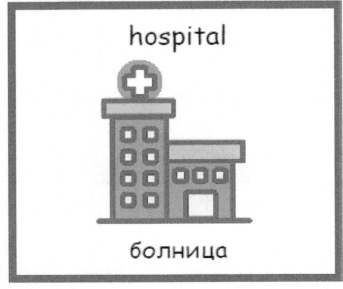

болница

clam

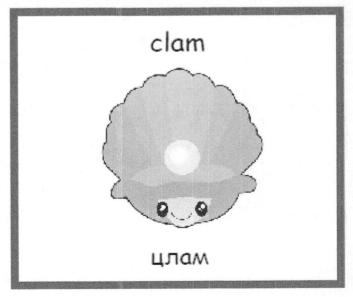

цлам

fat

дебео

mat

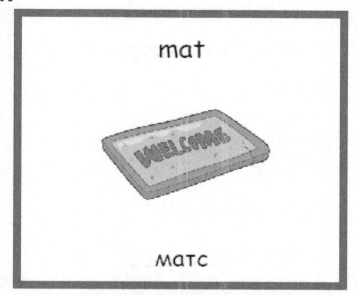

матс

clap

пљесак

teacup

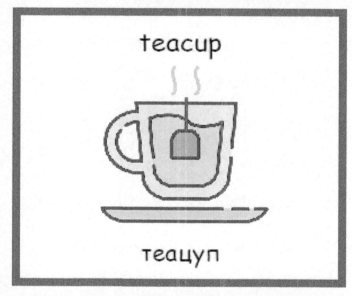

теацуп

mountains

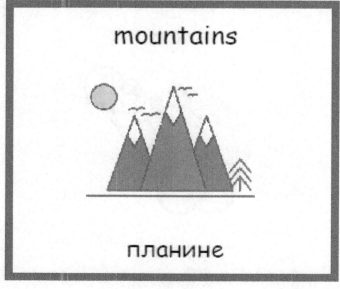

планине

science

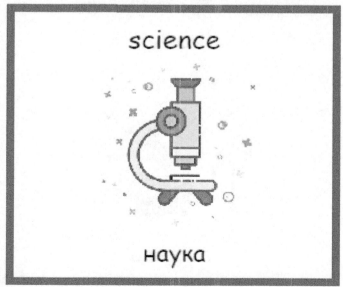

наука

knitting

плетење

musician

мусициан

gasoline

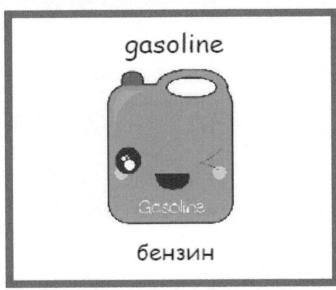

бензин

butcher

месара

leader

лидера

red

црвено

Made in the USA
Coppell, TX
09 December 2020

43705258R00050